ars vivendi

THOMAS SCHWEIGER

KAFFEESCHULE

DER WEG ZUM PERFEKTEN KAFFEE

Fotos von Daniel Duve und Thomas Schweiger

ars vivendi verlag

Zweite, komplett überarbeitete Auflage Oktober 2013
Dritte Auflage März 2016
© 2009, 2013 by ars vivendi verlag GmbH & Co. KG, Cadolzburg
© Fotografien siehe Bildnachweis
www.arsvivendi.com

Alle Rechte vorbehalten
Umschlaggestaltung: Philipp Starke
Grafische Gestaltung: Silke Klemt, www.silkeklemt.de; Mascha Kirchner
Redaktion: Dr. Hanna Stegbauer, Eva Wagner
Druck: Westermann Druck, Zwickau

Printed in Germany

ISBN 978-3-86913-185-6

Inhalt

»Kaffee muss schwarz sein wie der Teufel, heiß wie die Hölle, rein wie ein Engel und süß wie die Liebe«, so schrieb einmal Talleyrand. Guter Kaffee kann ein unvergleichlicher Genuss sein, doch wie erreicht man diesen Grad der Vollendung? Wie unterscheiden sich die Kaffeesorten im Geschmack, und was gilt es bei der Zubereitung zu beachten, damit sich das beste Aroma entfaltet?

Kaffee kann ebenso neuartige und intensive Geschmackserlebnisse hervorrufen wie ein guter Wein. Kaffee ist nicht gleich Kaffee. Durch bewusstes Riechen und aufmerksames Kosten lassen sich die verschiedensten Geschmacksnuancen entdecken. Haben Sie schon einmal Kakao aus dem Kaffee herausgeschmeckt? Einen Hauch von Haselnuss? Oder gar Aprikosen und Schwarze Johannisbeere?

Kaffee kann man auf vielen verschiedenen Ebenen erfahren. Seit jeher ist er Muntermacher und Begleitgetränk angeregter Gespräche. Für zahllose Menschen gehört er ganz selbstverständlich zum Frühstück, zum Büroalltag, zum Stadtbummel – unverzichtbar und doch kaum beachtet. Wir aber glauben: Mit dem Verständnis wächst der Genuss. Mit geschärften Sinnen und dem nötigen Hintergrundwissen eröffnet sich dem Kaffeeliebhaber eine weite, aufregende Welt.

Hohe Kaffeequalität lässt sich klar erkennen und spricht für sich selbst. Aber ohne die richtige Zubereitungstechnik wird auch aus einer vollkommenen Bohne kein perfekter Kaffee. Dieses Buch soll Ihnen helfen, die hohe Kunst des Kaffees zu erlernen, damit Sie schon die nächste Tasse doppelt so intensiv erleben.

Einleitung

Einleitung

Wo kommt der Kaffee her?

Seinen Ursprung hat der Kaffee in Äthiopien, genauer gesagt in der Region Kaffa. Von dort aus wurde er vermutlich durch moslemische Pilger nach Mekka und in den Jemen gebracht. Um Mekka herum, in der Region Hedscha, entstanden in der Mitte des 15. Jahrhunderts die ersten kultivierten Kaffeegärten.

1517 eroberten die Türken unter Selim I. die arabischen Gebiete am Westufer des Roten Meeres und bekamen dadurch Zugang zu den Kaffeeplantagen. Über Konstantinopel, wo 1554 die ersten Kaffeehäuser eröffnet wurden, verbreitete sich der Kaffee in der ganzen orientalischen Welt.

Nach Europa gelangte der Kaffee erst Anfang des 17. Jahrhunderts. Überall auf dem Kontinent schossen Kaffeehäuser aus dem Boden. In Venedig, London, Paris und Wien entwickelte sich eine regelrechte Kaffeehaus-Kultur. Anfangs wurde der Kaffee aus den arabischen Ländern nach Europa importiert, ab 1651 brachten die Holländer die Kaffeepflanzen in ihre Kolonien in Indonesien und bauten Kaffee dort auch kommerziell an.

Die Franzosen erkannten das Potenzial des Kaffees, als Ludwig XIV. 1714 von den Holländern eine Kaffeepflanze aus dem botanischen Garten in Amsterdam geschenkt bekam. Daraufhin produzierten sie keimfähige Samen und Stecklinge und brachten diese auf die Insel Martinique, wo bald darauf die erste französische Kaffeeplantage entstand.

1727 gelangte die Kaffeepflanze mit den Portugiesen nach Brasilien und drei Jahre später mit den Engländern nach Jamaika, Kuba und Mittelamerika. Etwa zur selben Zeit begannen die Spanier in Kolumbien mit dem Kaffeeanbau.

Bis zur Mitte des 18. Jahrhunderts besaßen neben Holland und Frankreich auch Spanien, Portugal und England eigene Kaffeeplantagen in ihren Kolonien. Ab der Mitte des 19. Jahrhunderts trugen auch die spanischen Kolonien El Salvador und Guatemala zur Kaffeeproduktion bei.

Brasilien, Jamaika, Kuba, Guatemala und Kolumbien sorgten nun dafür, dass der Nachschub an Rohkaffee sichergestellt war. Damit stand dem Siegeszug des Kaffees als europäisches Volksgetränk nichts mehr im Wege.

Feine Nuancen

Wer jetzt nach dem »besten Kaffee der Welt« fragt, wird von der Antwort enttäuscht sein: Es gibt ihn so wenig wie den besten Wein, den besten Käse, den besten Tee. Wie bei allen Lebens- und Genussmitteln entscheiden Sie selbst, was Ihnen schmeckt und was zu Ihnen passt.

Wenn man Kaffee wirklich genießen will, sollte man ihn auf jeden Fall als hochwertiges Naturprodukt verstehen und auch so behandeln. Kaffee ist abseits der Massenproduktion in ganz unterschiedlichen Mischungen und Röstungen erhältlich, die den individuellen Geschmack vielleicht besser treffen als der Standardkaffee aus dem Supermarkt. Und genauso, wie man einen guten Wein passend zu einem Essen auswählt, kann man Kaffee auch je nach Anlass oder bevorzugter Zubereitungsart neu entdecken. Es gibt die passenden Röstungen für verschiedene Brühverfahren (Extraktionsverfahren) und unterschiedliche Mischungen (Blends) für jeden Geschmack und Anlass.

Egal ob Espresso oder Filterkaffee, ob aus der French Press oder Schraubkanne, erst wenn der Kaffee

- frisch gemahlen
- mit dem richtigen Mahlgrad
- mit der richtigen Dosierung
- mit der richtigen Wassertemperatur
- mit guter Wasserqualität
- und sauberem Arbeitsmaterial

zubereitet wurde, ist ein neutrales Urteil über Geschmack und Qualität möglich.

Wenn all diese Parameter beachtet wurden, sollte der Kaffee im sogenannten »perfekten Bereich« liegen, wo eine Beurteilung des Geschmacks erst möglich ist und die verschiedenen Nuancen der einzelnen Sorten herausgeschmeckt werden können. In der Kaffeebranche nennt man das Cupping oder Cup tasting.

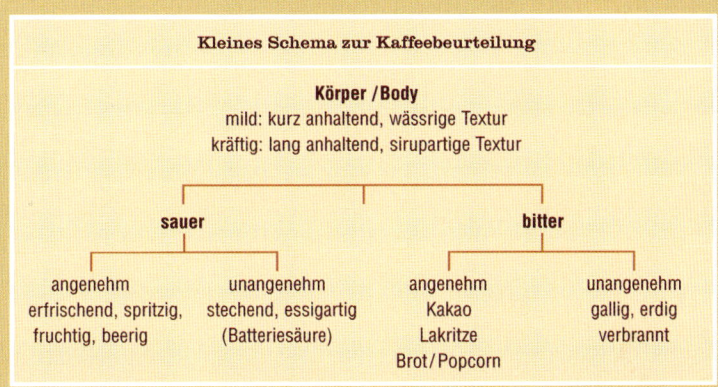

Kleines Schema zur Kaffeebeurteilung

Körper /Body
mild: kurz anhaltend, wässrige Textur
kräftig: lang anhaltend, sirupartige Textur

sauer		bitter	
angenehm	unangenehm	angenehm	unangenehm
erfrischend, spritzig,	stechend, essigartig	Kakao	gallig, erdig
fruchtig, beerig	(Batteriesäure)	Lakritze	verbrannt
		Brot/Popcorn	

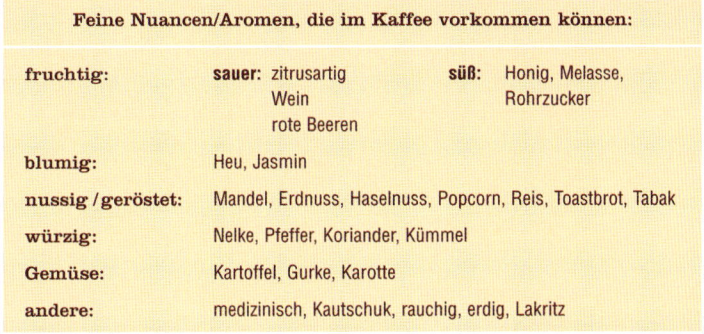

Feine Nuancen/Aromen, die im Kaffee vorkommen können:

fruchtig:	**sauer:** zitrusartig	**süß:**	Honig, Melasse,
	Wein		Rohrzucker
	rote Beeren		
blumig:	Heu, Jasmin		
nussig /geröstet:	Mandel, Erdnuss, Haselnuss, Popcorn, Reis, Toastbrot, Tabak		
würzig:	Nelke, Pfeffer, Koriander, Kümmel		
Gemüse:	Kartoffel, Gurke, Karotte		
andere:	medizinisch, Kautschuk, rauchig, erdig, Lakrit		

Bei der Beurteilung von Kaffee ist es wichtig, sich vorher über Fachbegriffe einig zu werden:

- Körper, Säure, Bitterkeit
- wo schmeckt man sie?
- wie empfindet man die Eindrücke?

Body/Körper: Der Körper des Kaffees ist der anhaltende Kaffeegeschmack und die Viskosität im Mund- und Rachenraum. Je intensiver und länger der Geschmack anhält, desto mehr Body ist vorhanden.
Der Body wird mit dem Mundraum beurteilt. Die Aromen hingegen werden mit dem Riechepithel der Nase wahrgenommen und verarbeitet.

Auf unserer Zunge erkennen wir nur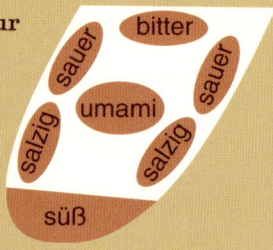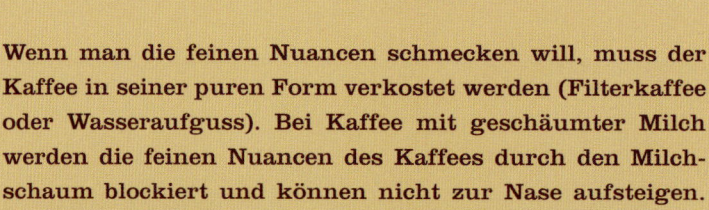

Wenn man die feinen Nuancen schmecken will, muss der Kaffee in seiner puren Form verkostet werden (Filterkaffee oder Wasseraufguss). Bei Kaffee mit geschäumter Milch werden die feinen Nuancen des Kaffees durch den Milchschaum blockiert und können nicht zur Nase aufsteigen. Dadurch ergibt sich ein ganz anderes Geschmacksbild.

Vor dem Kaffeegenuss steht die richtige Extraktion
Die Getränke Kaffee, Espresso, Mokka und wie sie alle genannt werden, basieren auf einem Extraktionsprinzip. Das bedeutet, dem Kaffeepulver wird mittels Wasser ein Extrakt (lösliche Anteile) entzogen. In diesem Fall sind es wasserlösliche Aromen. Ziel einer Extraktion sollte ein Getränk sein, das eine Balance zwischen Säure und Bitterkeit besitzt und mit einem natürlichen Süßeanteil ausgestattet ist, der sich schmecken lässt. Der Unterschied zwischen Filterkaffee und Espresso liegt z. B. in der Zubereitungsart sowie der Aromakonzentration. Filterkaffee ist das Produkt eines drucklosen Verfahrens, Espresso wird aus einem Druckverfahren gewonnen. Filterkaffee ist eine wässrige Lösung, Espresso ein Aromakonzentrat.
Wobei wässrige Lösung durchaus nicht negativ konnotiert ist. Wenn Filterkaffee richtig zubereitet wurde, ist er harmonischer und einfacher zu beurteilen als jeder Espresso. Bei kompetenter Zubereitung enthalten die Getränke einen nahezu identischen Anteil an Kaffeearomen. Es ist lediglich der Wasseranteil, der variiert. Der Unterschied besteht also im Verhältnis der Wassermenge zur Aromamenge. Kaffee hat einen höheren Wasseranteil als Espresso und ist deswegen nicht so hoch konzentriert. Das ist der Grund, warum Espresso kräftiger schmeckt. Allerdings besitzt Filterkaffee mehr Koffein als Espresso, da Koffein wasserlöslich ist und die Kontaktzeit bei Filterkaffee mit 4–6 Minuten deutlich länger ist als beim Espresso (20–30 Sekunden).

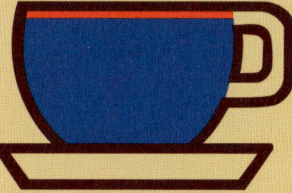

Espresso = Aromakonzentrat

Kaffee = wässrige Lösung

10% Kaffeearoma
+ 90% Wasseranteil

1% Kaffeearoma
+ 99% Wasseranteil

Viele Kaffeetrinker sind der Meinung, Kaffee sei dann kräftig, wenn er bitter ist. Leider ist unser Gaumen heute so sehr an überextrahierten Kaffee gewöhnt, dass wir diesem antrainierten Irrtum aufsitzen. Wenn wir den Kaffee überwiegend als bitter empfinden, bedeutet das, dass bittere Röststoffe und Chlorogensäure die feinen Kaffeearomen und die Süße des Kaffees überdecken. In diesem Fall spricht man von »überextrahiertem Kaffee« und einer zu langen Extraktionszeit. Dem Kaffeemehl wurde also zu viel entzogen, sodass die Harmonie verloren gegangen ist. Unabhängig davon, ob der Espresso mit oder ohne Zucker getrunken wird, und egal, welche Art der Kaffeezubereitung gewählt wird, wichtig ist immer die Balance zwischen Säure und Bitterkeit.

Der Herr des Kaffees:
der Barista

Der Begriff »Barista« kommt aus dem Italienischen und bedeutet ursprünglich »Barmann«. Im Moment befindet sich der Begriff aber im Wandel, da der Barista heute nicht nur der Mann hinter dem Tresen ist, der schnell eine Tasse Kaffee serviert, nebenbei Cocktails mixt und den Gästen immer mit Rat und Tat zur Seite steht. Ein moderner Barista sollte – ähnlich einem Sommelier beim Thema Wein – auch Fachwissen über Rohkaffee, das Rösten und Grundwissen der Maschinenmechatronik besitzen.

Man könnte ihn mit einem Koch vergleichen. Als gelernter Koch sollte man zwei Dinge im Schlaf beherrschen: Warenkunde, also Herkunft, Qualität, Preise etc., sowie Kochtechnik, also Garpunkte, Kochzeiten, Garnierungstechniken. Nun kann man als Koch in einem Schnellrestaurant arbeiten oder aber in der Sterne-Gastronomie. In beiden Fällen wird man sich Koch nennen, der Kunde jedoch dürfte ohne Zögern bestätigen, dass dazwischen ganze Geschmackswelten liegen.

Hier sind wir bei unserem Problem angelangt. Viele Kunden und auch Gastronomen wissen nicht viel mehr über Kaffee zu sagen, außer dass er »stark und kräftig« sein muss.

Ein Restaurant oder ein Café mag zwar Kaffee, Espresso & Co in allen denkbaren Variationen verkaufen, in den meisten gastronomischen Betrieben wird man jedoch kein geschultes Personal antreffen, da es keine standardisierte Ausbildung gibt. Gastronomische Ausbildungen widmen dem Kaffee gerade einmal 16 Unterrichtsstunden. Das ist bei Weitem zu wenig, um von einem professionellen Umgang zu sprechen.

Aber nicht nur das Bild des Barista befindet sich im Umbruch, sondern auch die Bedeutung des Kaffees und wie die Menschen ihn konsumieren. Für viele ist Kaffee zwar immer noch das »schwarze, bittere Aufwachgetränk«, doch langsam wird die Gruppe der Kaffeeliebhaber und Experten größer, die ihn in immer besserer Qualität wünschen und bereitstellen.

Zu diesen neuen Experten gehört auch der Barista, der weitaus mehr als nur ein Kaffeekocher ist. Vielmehr ist er ein hochwertiger Manufakteur mit Fachwissen und Sachverstand, bei dem der Gast aber natürlich immer noch an erster Stelle steht. Er sollte zudem in der Lage sein, seine Kunden in Bezug auf die Geschmacksempfindung (Sensorik) und die Hintergründe zu den einzelnen Kaffeesorten kompetent zu beraten, um für jeden den perfekten Kaffee zu finden.

Die Kaffeepflanze

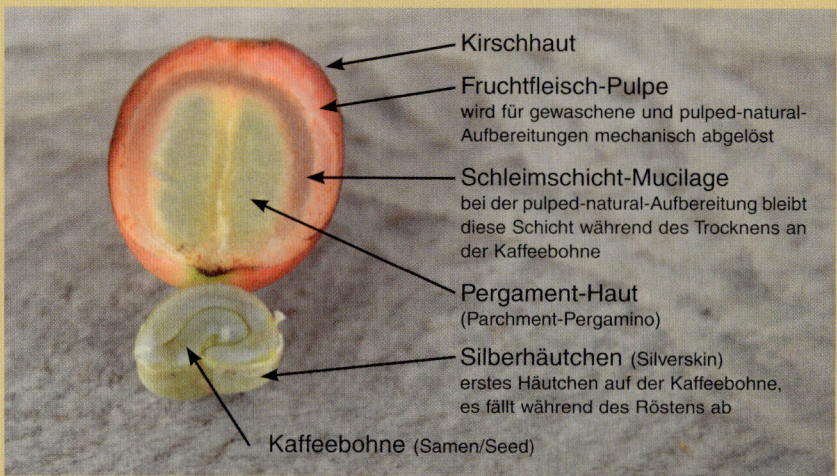

Kirschhaut

Fruchtfleisch-Pulpe
wird für gewaschene und pulped-natural-
Aufbereitungen mechanisch abgelöst

Schleimschicht-Mucilage
bei der pulped-natural-Aufbereitung bleibt
diese Schicht während des Trocknens an
der Kaffeebohne

Pergament-Haut
(Parchment-Pergamino)

Silberhäutchen (Silverskin)
erstes Häutchen auf der Kaffeebohne,
es fällt während des Röstens ab

Kaffeebohne (Samen/Seed)

Die Frucht ist folgendermaßen aufge-
baut: Außen hat sie eine Haut, in der
nächsten Schicht folgt das Fruchtfleisch, die sogenannte Pulpe, nach
der Pulpe kommt die Pergamenthaut,
darunter folgen Silberhäutchen und
Bohne.

Vom Sämling zum fertigen Kaffee

Der Barista hat die Verantwortung, die vorangegangene Arbeit von 15-20 Monaten
innerhalb weniger Minuten zum Genuss zu bringen und nicht zu zerstören.

9 Monate von der Blüte bis zur Ernte

bis 6 Monate
Aufbereitung

bis 3 Monate
Transport
zum Röster

Barista

Veredelung des Rohkaffees
zu Röstkaffee

Dauer bis zu 25 Min.,
in der Regel 12-20 Min.

Kaffee wächst in kirschenähnlichen Früchten, sogenannten Kaffeekirschen, auf einem Baum, der bis zu 12–15 Meter hoch werden kann, meist wird er aber auf eine Höhe von etwa 2–2,5 Meter gezüchtet, um ihn besser abernten zu können.

In jeder Frucht sind in der Regel zwei Kerne (Kaffeebohnen). Wenn nur eine Bohne vorhanden ist, spricht man von einer Peaberry (Perlbohne). Diese wachsen häufig am äußersten Ende der Kaffeepflanze. Man vermutet, dass in ihnen deshalb nur eine Bohne wächst, weil sie in dieser Position nicht richtig versorgt werden können. Wenn drei Bohnen enthalten sind, spricht man von einer Terziere, ebenfalls eine natürliche Mutation.

Die Kaffeekirsche kann gelb, rot oder seltener orange sein.

Fair Trade

Die frühere Vielfalt und Vielzahl kleiner Kaffeeproduzenten gehört leider der Vergangenheit an. Wenige große Firmen beherrschen über 80 % des weltweiten Kaffeemarktes. Der Wettbewerb ist hart, mit den bekannten Folgen: Die Preise für Roh- und Röstkaffee sind niedrig geworden, was oft genug auf Kosten der Anbau- und Verarbeitungsqualität geht. Kleine Kaffeefarmer können kaum konkurrieren, geschweige denn höhere Qualitätsstandards anbieten – eine Entwicklung, die Fair-Trade-Programme abzumildern versuchen. Dem Trend zum Billigkaffee steht ein neu erwachtes Interesse an Qualität gegenüber. Immer mehr Kaffeeliebhaber verweigern sich der Massenware und suchen nach besseren Lösungen – nach sorgfältig produzierten Kaffees, nach dem Geschmackserlebnis sortenreiner Röstungen, nach Vielfalt und Abwechslung.

Qualitativ hochwertiger Kaffee ist fast immer »fair« gehandelt. Es etablieren sich bestimmte Gütesiegel, die eine gewisse Sicherheit im Dschungel der unterschiedlichen Kaffeesorten bieten. Ein Beispiel ist das »Cup of Excellence-Programm«: Hier werden nur die besten Erträge von bestimmten Farmen angeboten. Das Programm funktioniert wie ein Wettkampf: Der Farmer registriert sich kostenlos bei »Cup of Excellence«, schickt seinen besten Kaffee an die Jury (bestehend aus nationalen und internationalen Cup-Tastern, Kaffeehändlern, Röstmeistern und Baristas). Dort wird der Kaffee gesiebt, sortiert, auf defekte Bohnen kontrolliert und verkostet.

Diese Art von Wettstreit trägt dazu bei, dass die Qualität des Kaffees ständig verbessert wird, die Farmer qualitätsgerecht bezahlt werden und somit mehr Geld für Bildung und Qualitätsmanagement ausgeben können.

Nur die besten Kaffees werden zum Wettbewerb zugelassen. Alle teilnehmenden Farmen aus einem Land konkurrieren miteinander. Der Wettbewerb erstreckt sich über drei Wochen, und der Kaffee muss sich in zwei Runden qualifizieren, um ins Finale der besten Farmen zu kommen (mindestens 84 von 100 Punkten). Wer bei der letzten Verkostung, die über fünf Tage geht, die höchste Punktzahl erreicht hat, ist Gewinner des »Cup of Excellence«. Rohkaffeehändler müssen sich ebenfalls bei diesem Programm registrieren und haben anschließend die Möglichkeit, den Kaffee zu ersteigern. Die Gewinner erzielen einen Preis von bis zu 130 Euro pro Kilogramm Kaffee.

Die Qualität eines Siegerkaffees wird nicht durch schnelle Züchtungen erreicht. Viele Jahre und ein sorgfältiger Auswahlprozess sind nötig, bis die Kaffeepflanzen den hohen Ansprüchen von Röstern und Baristas in aller Welt genügen. Nur ausgebildete Experten mit großem Fachwissen können durch artgerechte Anpflanzung und Züchtung für Qualität garantieren. Solche Mitarbeiter haben ihren Preis. Doch die Erfahrung lehrt, dass die fachgerechte Behandlung der Pflanze und ökologische Anbauweisen bessere Kaffeefrüchte hervorbringen als der Anbau auf industriellen Plantagen. Diese auf Profitmaximierung ausgerichteten Unternehmen können auch ihren Arbeitern und Angestellten nicht die gleichen Löhne zahlen, wie es im ökologischen Anbau der Fall ist. Ein Wettbewerb wie das »Cup of Excellence«-Programm schult das Bewusstsein für Qualität und ihren Preis und wirkt damit positiv auf die Löhne und Arbeitsbedingungen in der Kaffeeproduktion zurück.

Der Wettbewerb ist für jeden Farmer kostenlos zugänglich. Wer sich nicht weiterqualifiziert bzw. nichts verkauft, muss nichts zahlen. Die glücklichen Gewinner müssen einen prozentualen Teil ihres Profits an das Programm abtreten. Dank dieses Systems haben auch arme Farmer die Chance, qualitätsgerecht bezahlt zu werden und einen festen Kundenstamm aufzubauen. Sie müssen ihren Kaffee nicht auf Masse produzieren und ihn dann zu einem Standardpreis an eine Kooperative verkaufen.

Der Rohkaffee

Der Rohkaffee

Übersicht

Rohkaffee ist die Grundlage für den Röstmeister und kann mit verschiedenen Grundcharakteren gekauft werden, je nachdem, ob man Espresso oder Filterkaffee zubereiten möchte, ob der Geschmack fruchtig oder eher herb-schokoladig sein soll.

Unterschieden wird zwischen:
- verschiedenen Nuancen/Aromen – Provenienz
- verschiedenen Qualitätsstufen
- verschiedenen Aufbereitungen

Die Provenienz bezeichnet die Herkunft eines Kaffees. Unterschiedliche Bodennährstoffe sowie die klimatischen Bedingungen in den verschiedenen Kaffeeanbaugebieten prägen den Charakter des Kaffeearomas.

Erst durch das Rösten wird der Kaffee veredelt und bekommt seinen finalen »Kaffeegeschmack«.
»Grüner Kaffee«, also Rohkaffee, schmeckt ungeröstet ähnlich wie Gras oder Heu und hat mit Kaffee, wie wir ihn kennen, noch nicht viel gemeinsam, abgesehen vom Koffein.

Verschiedene Nuancen/Aromen – Provenienz
Der Grundgeschmack des Rohkaffees wird durch die Enzymatik bestimmt, das heißt, Bodennährstoffe, Anbauhöhe, Regentage und Pflege der Plantage sind entscheidend für den ersten Schritt im Geschmack. Es dauert zwischen 8–10 Monate, bis eine Kaffeebohne ausgewachsen ist und ihr Aromaprofil voll ausgebildet hat.

Verschiedene Qualitätsstufen
Rohkaffee wird durch verschiedene Qualitätsprüfungen sortiert:

Während der Ernte: Handpflücken – Stripping – maschinell
Während der Aufbereitung: Wassersysteme sortieren nach Floaters und Sinkers
Floaters = überreife Kirschen, Früchte mit Lochfraß
Sinkers = rote reife und grüne unreife Kirschen, die unreifen werden zu einem späteren Zeitpunkt ausselektiert
Nach dem Trocknen: Sortieren nach Größe durch Rüttelsiebe; z. B. Screen 18/19–15/16
Am Schluss: maschinelles Sortieren der Bohnen je nach Qualitätsanspruch über sogenannte Farbsortierer; Bohnen mit Fehlfarben, z. B. durch Fermentation, werden optisch erfasst und ausselektiert

Verschiedene Aufbereitungen
erzeugen unterschiedliche Geschmacksnuancen, die sich in Süße, Säure und Bitterkeit unterscheiden:

Natural (trocken) – mehr Süße, teilweise leichte Adstringenz durch Trocknen mit der Kirschhaut, Gefahr der Überfermentation
Pulped natural (Honey Process) – höchster Süßeanteil, etwas mehr als Natural, weniger bitter
Washed (gewaschen) – klar im Geschmack, mehr Säureanteil, aber weniger Süße

Eine Frage der Herkunft

Der Grundcharakter eines Kaffees ist stark abhängig von der Höhenlage, in der er angebaut wurde. In höheren, kühleren Lagen wachsen die Kaffeepflanzen nicht so schnell wie in tiefer gelegenen, wärmeren Gebieten. Je langsamer der Kaffee heranreift, desto mehr Zeit hat er, feine und komplexe Aromen auszubilden.

Ähnlich wie man es vom Weinanbau kennt, prägt das Land auch den Charakter des Kaffees durch spezifische Bodeneigenschaften. Vulkanisches Gestein, eisenhaltige Böden, sandige Gebiete drücken dem Kaffee ihren Stempel auf und machen ihn einzigartig.

Erklärung der Symbole zur Tabelle rechts:

0	=	keine Säure oder kein bis flacher Körper/Bitterkeit
+	=	wenig Säure oder sanfter, milder Körper/Bitterkeit
++	=	feine Säure oder mittlerer, ausgewogener Körper/Bitterkeit
+++	=	starke Säure oder kräftiger, üppiger Körper/Bitterkeit

Kontinent	Land	Säure	Körper/Bitterkeit	Aromen/Geschmack
Afrika	Äthiopien	+++	+ / ++	fruchtig-beerige Nuancen, ausgewogener Körper
	Elfenbeinküste	0	+++	fast ausschließlich Robusta-Anbau, sehr rassiger, scharfer Geschmack
	Kenia	+++	++	würziger Körper, dunkles Beerenaroma – weinartige Nuancen, häufig als Filterkaffee in Verwendung.
	Ruanda	++	+++	Robusta (30% des Anbaus): herb, kräftiger Körper. Arabica (70%): fruchtig, floral
Amerika	Brasilien	+	+ / ++	mild, schokoladig, wenig Säure, schokoladige/kakaoartige Nuancen
	Costa Rica	+++	++	fruchtig-zitrusartige Nuancen, meistens gewaschen aufbereitet, clean cup meistens hochwertige Rohkaffees.
	El Salvador	++	++	experimentierfreudige Farmen, fruchtige und beerige Kaffees
	Guatemala	+ / ++	++	schokoladig, angenehme Säure
	Honduras	+	++	ähnlich dem guatemaltekischen Kaffee, milde blumige Nuancen, schokoladiger Körper
	Kolumbien	++ / +++	++	zitrusartige Säure, nussiger Körper
	Mexiko	+ / ++	++ / +++	kräftiger Körper, zartbitter, dezente Säuren
	Panama	+++	++	sehr hochwertige Kaffees, häufig Geisha-Varitäten und honey process-Aufbereitungen
	Peru	++	++	oft Bio-Kaffee
Asien	Indien	+	+++	kräftiger Körper, manchmal erdig, Nuancen blumig bis würzig
	Indonesien	+	+++	würzig und kräftig
	Nepal	+	++	Mandel, nussige Nuancen, ausgewogener Körper
	Vietnam	0	+++	fast ausschließlich Robusta, herb-erdig

Der Kaffeeanbau

Kaffeepflanzen benötigen ein ausgeglichenes Klima ohne Temperaturextreme. Zu viel Sonnenschein und Temperaturen unter 10 °C bzw. über 30 °C schädigen die Pflanzen und mindern den Ertrag. Deshalb eignen sich die tropischen Gebiete im Kaffeegürtel (zwischen 23° nördlicher und 25° südlicher Breite) am besten für den Kaffeeanbau.

Arabica-Kaffee wächst in Höhen von etwa 600 bis 2100 m, während Robusta-Kaffee auch in niedrigeren Lagen bis 800 m gedeiht. Hochlandkaffees der Sorte Arabica sind begehrt, obwohl auch andere Kaffeevarietäten von hervorragender Güte sein können. Allerdings ist die Bezeichnung »Hochlandkaffee« oder »Arabica« noch keine Garantie für hochwertige Qualität und Verarbeitung.

Die Kaffeeernte

Die Grundlage für gute Kaffeequalität wird bereits bei der Ernte und Aufbereitung geschaffen.

Beim Ernten unterscheidet man:

Picking/Handpflücken: Hierbei werden vorzugsweise die reifen Früchte einzeln von Hand geerntet. Dabei entscheidet der Pflücker aufgrund seiner Erfahrung über den besten Zeitpunkt für die Ernte. Durch Tasten oder leichtes Quetschen der Kaffeekirsche stellt er fest, ob die Frucht reif ist.

Stripping: Bei diesem Verfahren werden die Früchte mit der Hand von den Zweigen gestreift, auch wenn sie unreif oder überreif sind. Der Sortiervorgang wird mit sogenannten Schwemmbecken vorgenommen. Alle Bohnen kommen in ein Becken mit Wasser. Reife und unreife Kirschen sind schwerer als überreife oder defekte Bohnen und sinken ab. Trockene und kaputte Früchte schwimmen als sogenannte Floaters auf der Wasseroberfläche und werden ausselektiert. Man erntet die Plantagen oft systematisch in einem Durchgang ab, aufgeteilt in Sektoren.

Maschinell: Üblicherweise wird auf industriellen Plantagen sowie im Flachland mit Traktoren geerntet. Im Hochland ist der Einsatz von Maschinen durch das bergige Gefälle nicht möglich. Nach der Ernte werden die Kirschen vollautomatisch sortiert. Das Erntesystem ist ähnlich wie beim Stripping: Nachdem das Gelände in verschiedene Sektionen unterteilt wurde, können diese abgeerntet werden.

Kaffeesorten/Varietäten

Auf dem Weltmarkt sind nur zwei Arten von Kaffeepflanzen wirklich relevant.

Der Anteil von Coffea Arabica beträgt ungefähr 65 % des weltweit angebauten Kaffees. Sie stammt ursprünglich aus Äthiopien und wächst dort auch heute noch wild. Es existieren zahlreiche Unterarten des Arabica-Kaffees, wie z. B. Yellow Bourbon, Typica, Catuai und der milde Maragogype mit besonders großen Bohnen. Die Qualität des Arabica wird maßgeblich bestimmt durch den Anbauort, die Erntemethode und die Art der Verarbeitung.

Die zweite wichtige Art, die etwa 35 % des Weltmarkts ausmacht, ist die Coffea Canephora. Diese Sorte wird fast ausschließlich als Robusta angeboten. Robusta-Kaffee enthält ungefähr doppelt so viel Koffein wie Arabica. Außerdem sind die Robusta-Pflanzen widerstandsfähiger als die Arabica-Pflanzen. Allerdings gibt es bei den verschiedenen Robusta-Sorten deutliche Qualitätsunterschiede. Der Weltmarktpreis liegt im Allgemeinen unter dem des Arabica, es gibt aber auch hochwertigen Robusta-Kaffee.

Besonders in Ländern wie Spanien, Frankreich und Italien wird guter Robusta-Kaffee wegen seines herb-bitteren Geschmacks gerne in Mischungen eingesetzt. Gerade guter italienischer Espresso darf Robusta enthalten, da man dadurch eine schöne Crema erhält.

Coffea Canephora (Robusta) wurde 1898 im Großen Kongobogen von dem belgischen Botaniker Emile Laurent entdeckt.

Ihre botanische Bezeichnung **Coffea Arabica L.** erhielt die Pflanze 1753 von dem Naturforscher Carl von Linné (1707–1778), der die Systematik der Pflanzen entwickelte. Der Kaffee wurde aber erstmals 1591 von dem Arzt Prosper Alpinus (Leibarzt des venezianischen Konsuls in Ägypten) beschrieben und in Teilen gezeichnet. Der erste Europäer, der seine populäre Verbreitung schriftlich bestätigt, war der Augsburger Leonhard Rauwolf. Er veröffentlichte 1582 ein Buch, in dem er über seine Reise (1573–1576) an die Küstengebiete Syriens berichtete. Dort wird der Kaffee als schwarze Tinte beschrieben, die sehr beliebt und förderlich für den Magen sei, der Verfasser nennt es »Chaube« – seine Umschrift der türkischen Bezeichnung »Kaohwe«.

Kaffeepflanzen-Gliederung

Familie	Rubiaceae (Rötegewächse)
Gattung	Coffea
Spezies (Art)	C.Arabica, C.Canephora, C.Liberica, C.Excelsia, C.Stephosilis u. a.
Varietät (Unterart)	**Arabica-Varietäten:** z. B. Typica, Bourbon, Maragogype, Pacamaras, Maracatu, Blue Mountain **Canephora-Varietäten:** Conillon (Brasilien) Romex (Costa Rica) Nana Quillous (Westafrika) Bukoba (Tansania)

Generell sind auf dem Weltmarkt nur 2 Arten relevant:

C. Arabica zu 65 % – mit ca. 40 verschiedenen Varietäten (Yellow Bourbon, Maragogype, Typica, Catuai u.v.a.)

C. Canephora zu 35 % – fast ausschließlich (95 %) als Robusta angeboten.

Unterscheidungsmerkmale

	Arabica	Canephora (Robusta)
Koffeingehalt	0,8–1,5 %	1,7–3,5 %
Fettgehalt	15–18 %	8–9 %
Zuckergehalt	8–12 %	5 %
Chromosomen	44	22
Reifezeit	8–10 Monate (Selbstbefruchtung)	7–9 Monate (Fremdbefruchtung)
Geschmack	säuerlich, fruchtig, blumig	bitter, erdig, rau
Anbauhöhe	400–2100 m	0–900 m
Ideale Aufbrühtemperatur	90 °C–94 °C	92 °C–95 °C

Qualitätsmanagement

Aufbereitung (trocken)

Natural

Die Bohnen werden geerntet und im Ganzen (mit kompletter Schale) getrocknet. Diese Methode wird häufig in Ländern mit Wassermangel angewendet.

Nachdem die Kirschen getrocknet sind, werden sie meist mechanisch vom getrockneten Fruchtfleisch getrennt und als Pergaminos (mit Pergamenthaut) gelagert. Erst wenn der Pergamentkaffee verkauft ist, wird er von den Pergamenthäutchen befreit, in Säcke verpackt und als Rohkaffee ausgeliefert.

Vorteile:
- kostengünstig
- geringer Wasserverbrauch

Nachteile:
- Gefahr der Überfermentierung
- mehr Bitteraromen/Adstringenz durch die Kirschhaut

Pulped natural

Die Bohnen werden nach der Ernte mechanisch vom frischen Fruchtfleisch getrennt (mit dem Pulper), d.h. aus der Kaffeekirsche gequetscht. Bei »semi-washed«-Kaffee wird das Fruchtfleisch teilweise noch mit Wasser abgespült. Danach kommt der Rohkaffee für 2–3 Wochen zum Trocknen auf Netz-Tische, wo er anfangs stündlich, später nur noch 2–3 Mal am Tag gewendet wird. Bei diesem Prozess findet eine gewollte Fermentation der Mucilage (Schleimschicht) statt, was dem Kaffee zusätzliche Süße verleiht und ihn sehr ausgewogen macht.

Vorteile:
- diese Methode ermöglicht den höchstmöglichen Süßeanteil
- Wasserverbrauch gering

Nachteil:
bei falscher Fermentierung Schimmelgefahr

Geschmackscharakteristik

starker Körper, manchmal erdig
süßer als gewaschener Kaffee
weniger süß als pulped natural

am meisten natürliche Süße
angenehme Säure

Aufbereitung (nass)

Gewaschen (fully washed)

Bei diesem Prozess werden die Kaffeekirschen ebenfalls vom Fruchtfleisch getrennt. Danach kommt der Rohkaffee mechanisch in Schwemmbecken, wo er zwischen 7 und 72 Stunden verbleibt.

In den Schwemmbecken befindet sich teilweise mit Enzymen angereichertes Wasser, das eine Überfermentierung verhindert, indem es das Fruchtfleisch zersetzt. Der Rohkaffee wird »gewaschen«. Dieser Prozess bewirkt, dass die fruchtigen Nuancen des Kaffees hervorgehoben werden. Auf betonierten Trockenflächen wird der Rohkaffee unter ständigem Wenden getrocknet (bis zu 1 Woche). Nach dem ersten Trocknen kommt er für weitere 24-48 Stunden in die Toaster. Seine Endtrocknung erhält der Pergamentkaffee in sogenannten Trockensilos, wo er bis zu 2 Monate bleibt, und wird mit einer Restfeuchte von 11-15 % eingelagert. Nach dem Verkauf wird er geschält, verpackt und zum Versand vorbereitet.

Vorteile:
- große Mengen können kontrolliert und mit wenig Risiko aufbereitet werden
- klarer Geschmack

Nachteile:
- hoher Wasserverbrauch
- kostenintensiv, da viele industrielle Maschinen beteiligt sind

Geschmackscharakteristik

mehr Säure
weniger süß

Qualitätsstufen

Anbauhöhen:

SHB = strictly hard bean
HB = hard bean
SB = soft bean

SHG = strictly high grown 1500-2100 m
HG = high grown 1300-1500 m
MG = medium grown 1000-1300 m
LG = low grown 500-1000 m

Größenbezeichnungen:

Screen 20
Screen 19
Screen 18
Screen 17
Screen 16
Screen 15
Triage (alles unter 15)

Monsooned bezeichnet eine spezielle Aufbereitung während der Monsunzeit: Der Kaffee wird wiederholt dem Monsunregen und -wind ausgesetzt, das heißt, er wird über einen längeren Zeitraum immer wieder befeuchtet und getrocknet. Dadurch bekommt er einen eigenen, charakteristischen Geschmack.
Entstanden ist diese Methode durch die langen Seewege im Kaffeehandel vergangener Jahrhunderte. Der Kaffee wurde auf Schiffsreisen, die bis zu drei Monate dauern konnten, immer wieder feucht und trocknete wieder. Dabei verlor er seine grünliche Farbe und wurde gelb. Der Geschmack veränderte sich ebenfalls. Weil der Markt (Endkunden) an diesen Geschmack gewohnt war, wurde das Verfahren auch beibehalten, als es nicht mehr durch lange Transporte übers Meer bedingt war, und vor Ort durchgeführt.
Der Körper ist kräftig mit teilweise erdigholzigen Nuancen, die Säure ist so gut wie abgebaut.

AA = Sieb 18+
A = Sieb 17
AB = Sieb 16 + 17
     (Mischung aus A+B)
B = Sieb 16
C = Sieb 15
T = Triage (der Rest unter Siebgröße 15; oft starke Verunreinigung durch Steine, Holz und anderes)
PB = Peaberry (Perlbohnen)
E = Elephant (Riesenbohnen)

Triage

Defekte und Fehlerbezeichnungen

Fehler werden immer aus 300 g Rohkaffee gezählt, d. h. es werden 300 g Rohkaffee aus einem Lot entnommen und von Hand nach Fehlern untersucht. Fehler sind genau deklariert. Allerdings variiert die Fehlereinteilung von Land zu Land, d. h. in Brasilien gelten andere Fehlerdeklarationen als etwa in Guatemala oder Nicaragua.

Pergaminos

Zum Beispiel Brasilien:

1 schwarze Bohne = 1 Fehler

1 Kirsche = 1 Fehler

1 Stein = klein 1 Fehler,
mittel 2 Fehler, groß 5 Fehler

3 Bohnen mit Lochfraß = 1 Fehler

5 zerbrochene = 1 Fehler

1 Stück Holz (Zweig) = klein 1 Fehler,
mittel 2 Fehler, groß 5 Fehler

2 Pergaminos = 1 Fehler

5 unreife = 1 Fehler

NY: Zwar ist Brasilien der Hauptproduzent von Arabica, über die New Yorker Börse laufen jedoch die wichtigen Warentermingeschäfte; Kürzel wie z. B. »NY 2« zeigen an, über welche Qualität hier verhandelt wird.

NY 2	=	4 Fehler
NY 3	=	12 Fehler
NY 2/3	=	8 Fehler
NY 4	=	26 Fehler
		(hier beginnt meist die Triage)
NY 5	=	46 Fehler
NY 6	=	86 Fehler

Stinker-Bohnen entstehen aus über-fermentierten Kaffeekirschen. Das passiert entweder durch angereifte Früchte bei der Ernte oder nach dem Waschprozess, wenn der Pergamentkaffee nicht sorgfältig gewendet wird – Fäulnis ist die Folge. Dadurch kommt ein sehr unangenehmer Geschmack in die Kaffeemischung, der auch die Extraktion verdirbt.

Kaffeewachs ist ein Abfallprodukt. Es entsteht beim Vaporisieren und Entkoffeinieren von Rohkaffee.

Silberhäutchenpellets sind ebenfalls ein Nebenprodukt des Vaporisierens (Behandlung mit heißem Wasserdampf, z.B. für Schonkaffee). Sie finden häufig als Viehfutter Verwendung.

Stinker-Bohnen

Triage (industriell genutzter Kaffee)

Peaberries (Perlbohnen)

Robusta

Die Röstung

Das Entstehen des Kaffeearomas

Was passiert beim Rösten?

Verschiedene Arten des Röstens

Verpackung und Lagerung

Die Röstung

Das Entstehen des Kaffeearomas

Während die Kultivierung der Kaffeepflanze sowie die Verbreitung des belebenden braunen Getränks gut dokumentiert sind, liegt die Geschichte des Röstens im Dunkeln der Geschichte. Nur Legenden berichten von Hirten oder Mönchen, denen zum ersten Mal – zufällig – Kaffeebohnen ins Feuer fielen, von denen ein betörender Duft aufstieg ... Wenn die Erfindung des Kaffeeröstens Zufall war, dann hatte selten ein Zufall durchschlagendere Wirkung: Heute ist Kaffee – nach Erdöl – das zweitwichtigste Handelsgut der Welt!

Durch das Rösten entfaltet sich der Charakter des Kaffees und er gewinnt seine individuelle, besondere Note. Die optimale Rösttemperatur und -dauer variiert von Kaffee zu Kaffee – und dann ist da noch der kreative Spielraum des Rösters. Lange Erfahrung und feines Empfinden sind nötig, um zu wissen, welche Geschmacksnuancen im Rohkaffee schlummern, wann und bei welcher Temperatur sie zutage treten.

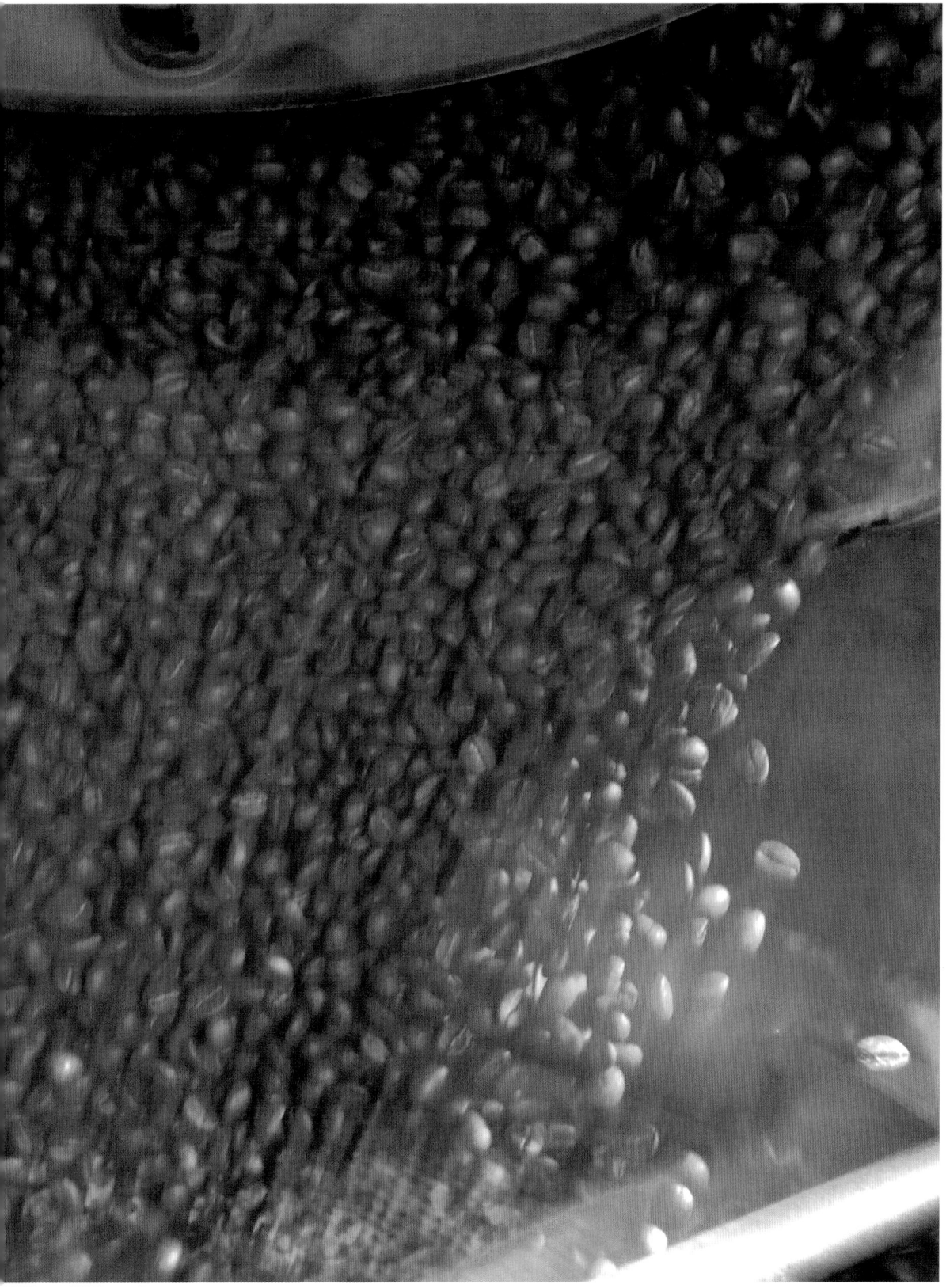

Was passiert beim Rösten?

Allgemein

Beim Rösten von Kaffeebohnen treten zwei Phänomene auf: Die Bohnen verlieren durch das Erhitzen einerseits Wasser und damit Gewicht, andererseits erhöht sich ihr Volumen aufgrund des steigenden internen Drucks (Wasserdampf). Mit dem kontinuierlichen Anstieg der Rösttemperatur wird ein chemischer Kettenprozess in Gang gesetzt, der die typischen Kaffeearomen erzeugt. So karamellisiert der Zucker in den Bohnen bei 160–190 °C (Brown sugaring), und bei 165–210 °C entsteht aufgrund der sogenannten Mailard-Reaktion das Röstflavour. Jede Röstmaschine ist jedoch für sich ein Unikat, denn um mit den einzelnen Röstphasen spielen zu können, muss man die Hitzeübertragung sowie den Luftstrom individuell regeln. Jede Maschine hat hier andere Parameter, was beispielsweise den Luftstrom angeht, da kein Schornstein einem anderen gleicht. Man muss also das Grundprinzip verstehen, um das Beste aus den Bohnen herauszuholen.

Röststufen

Stufe 1: Einfüllen

Stufe 2: Aufheizen

Stufe 3: Aufheizen

Stufe 4: Übergang Aufheizen
in Brown sugaring

Stufe 5: Beginn
Brown sugaring

Stufe 6: Brown sugaring

Stufe 7: Übergang in
Röstphase

Stufe 8: Säure-Finish;
Anfang Kaffeeröstung

Stufe 9: Säure-Finish; Ende
Kaffeeröstung, Übergang in
Espressoröstung

Stufe 10:
Espressoröstung 16 Min.

Stufe 11:
Espressoröstung 16,5 Min.

Was passiert physikalisch?
Beispiel anhand einer Filterkaffeeröstung mit brasilianischem Kaffee

Minute 0–3:
Aufheizen der Rösttrommel und Einfüllen des Rohkaffees bei 190 °C;
Temperaturabfall auf 75 °C, Rohkaffee
»tankt Energie«

Minute 3–6:
Aufheizphase der Bohnen bei
110 °C–150 °C
Nach ca. 3 Min. sollte der Rohkaffee
in die aufsteigende Temperaturphase
kommen (Rösteffekt).

Minute 6–10:
Brown sugaring (gelblich bis bräun-
lich) bei 150 °C–190 °C
In dieser Phase wird über Süße und
Säure des Kaffees entschieden.

Minute 10–13:
Säure-Finish (bräunlich) bei
190 °C–220 °C
Hier wird über Bitterwerte und
Aromen entschieden.

Was passiert aromatisch?
Rohkaffee ist geschmacklich noch weit
weg vom Kaffee, wie wir ihn kennen.
Die unterschiedlichen Aromen, die beim
Temperaturanstieg freigesetzt werden,
lassen sich in folgende Temperaturzo-
nen unterteilen: Im Bereich 110–150 °C
lädt sich die Bohne mit Temperatur auf,

dadurch entsteht ein Druck, der die
Bohne aufbläht und die ersten chemi-
schen Reaktionen in Gang setzt. Im Bereich 160–190 °C findet der Karamelli-
sierungsprozess statt. Fällt die
Temperatur in diesem Bereich ab, ge-
langt man in den »Backeffekt«, der Kaffee wird nicht richtig ausgeröstet und
kann grasig/heuig bis brotig schmecken. Ab 190 °C beginnen die Röstaromen im Bitterbereich, je länger geröstet
wird, umso heißer wird es in der Trom-
mel. Ab einem gewissen Punkt verändert sich die Wärmeaufnahme. Von der
endothermen Hitze (von innen nach
außen) kommt es durch den sogenannten »First Crack«, das Aufplatzen der
Bohne durch den entstandenen Druck,
zu einer exothermen Hitze (von außen
nach innen). Ab diesem Zeitpunkt gibt
die Bohne ebenso Hitze ab, d. h. in dieser Phase hat man es in der Hand, ob
der Kaffee nach Schokolade oder Holzkohle schmecken wird. Bei hellen Röstungen wird der Röstvorgang abgebro-
chen, noch bevor ein »Second Crack«
hörbar wird, denn dieser zeigt an, dass
die Zellstrukturen der Bohne bereits
verbrennen. Bei dunklen Röstungen
können dieser Effekt und der daraus
resultierende kräftige Geschmack jedoch erwünscht sein. Durch die Röstzeit
entsteht der eigentliche Charakter des
fertigen Kaffees. Jeder Röster hinter-
lässt seine eigene Handschrift, indem er
ein bestimmtes Geschmacksprofil für
jede einzelne Bohnenart entwickelt.

Verschiedene Arten des Röstens

schnell – langsam
hell – dunkel
Kaffee – Espresso
Single – Mischungen

schnell – langsam

Oft wird David mit Goliath verglichen, d. h. die Kleinröster mit der Industrie. Das Argument der Kleinröster: Langzeitröstungen bauen mehr Chlorogensäure ab und entwickeln mehr Aromen. Das ist im Grunde richtig, dennoch werden zwei unterschiedliche Systeme verglichen, von denen jedes auf seine Art funktioniert.

Bei Langzeitröstungen wird meist mit sogenannten »traditionellen Trommelröstern« gearbeitet, die eine Kapazität von 1–30 kg in Shopröstern bzw. 50–640 kg in größeren Röstanlagen haben. Die Röstung dauert bei diesem Verfahren 8–20 Minuten. Kurzzeitröstungen finden in Röstanlagen statt, die auf 250–600 kg ausgelegt sind. Geröstet wird mit Hilfe von heißer Luft bei 500 °C. Die Röstdauer beträgt 2–12 Minuten. Auch bei den Großröstern sind noch genügend Trommelröster im Einsatz, das ist aber nicht die Ware, die es für 3,99 Euro pro 500 g gibt.

Das häufigste Argument »Bauchschmerzen vermeiden durch Langzeitröstungen« kann man so nicht stehen lassen, denn sofern nach dem Kaffeegenuss wirklich Bauchschmerzen auftreten, werden sie in der Regel durch falsche Extraktion, übermäßigen Konsum oder generell falsche Lebensgewohnheiten verursacht. Hier sollte man es wohl mit Paracelsus halten, der 1538 schon gesagt hat: »Alle Dinge sind Gift, und nichts ist ohne Gift, allein die Dosis macht's, dass ein Ding kein Gift sei.«

Es gibt auch genügend Kleinröster, die einen Filterkaffee nur etwa 8,5–9 Minuten rösten, um die feinen Nuancen zu erhalten. Trotz der Kurzzeitröstung ist das jedoch kein schlechter Kaffee. Im Gegenteil, man braucht ein sehr gutes Ausgangsprodukt, um eben diese feinen Nuancen zu erhalten.

Wer mehr über Röstanlagen wissen will, kann sich unter www.probat.com informieren.

hell – dunkel

Bei hellen Röstungen stehen durch den Röstvorgang die Säuren im Vordergrund. Generell ist es eine Geschmackssache, ob man zu hellen oder dunklen Röstungen tendiert. Es gibt kein besser oder schlechter.

»helle Röstungen«: Bei dieser Röstphilosophie wird versucht, die bestehenden enzymatischen Aromen perfekt zu nutzen und die feinen Säuren des Kaffees zu betonen. Die Kunst besteht darin, den Kaffee auszurösten. Denn durch das sogenannte Unterrösten oder Backen entstehen grasige und brotige Aromen. Es ist grundsätzlich einfacher, Kaffee hell zu rösten als Espresso. Espresso im hellen Bereich zu rösten, ist eine Gratwanderung. Zu hell schmeckt er eher kaffeeartig, etwas zu lang hat er ein aschiges Aroma und produziert ein trockenes Mundgefühl. Das liegt daran, dass er schon etwas zu sehr in den Backzustand übergegangen ist.

»dunkle Röstungen«: Hier wird der Kaffee länger geröstet und erreicht meist auch etwas höhere Temperaturen. Generell werden mehr Röstbitterstoffe produziert, Säuren hingegen abgebaut. Der Kaffee bekommt einen kräftigeren Geschmack. (In Wahrheit schmeckt der Kaffee bitterer und wird vom Konsumenten lediglich als kräftiger empfunden.) Geschmacklich entscheidet oft das Alter (Röstdatum), ob der Kaffee noch »schokoladig-nussig« oder schon »ranzig–verbrannt« schmeckt – vorausgesetzt, er wurde richtig zubereitet.

61

Zusammenfassung:
helle Röstungen: fruchtbetont, Body eher mittelkräftig
→ vorwiegend für Filterkaffee

dunkle Röstungen: mehr Röstaromen (Bitterstoffe), weniger Säure (ausgeröstet), Body kräftig
→ vorwiegend für Espresso

Kaffee – Espresso

Der Unterschied zwischen der Röstung von Kaffee und Espresso liegt darin, dass Kaffee heller geröstet wird, also eher säurebetont, wogegen Espresso eher körperbetont ist und weniger Säure enthält. Für beide werden die gleichen Bohnen verwendet – es gibt keine Espressobohnen, die am Kaffeebaum wachsen. Espresso- bzw. Kaffeeröstungen unterscheiden sich zum einen im Röstgrad, zum anderen im Aufbau der Getränke. Espresso ist ein Aromakonzentrat (10% Aromasättigung + 90% Wasseranteil), Kaffee wird meist als wässrige Lösung zubereitet (0,8–1,5% Aromasättigung + etwa 99% Wasseranteil). Ein Konzentrat schmeckt intensiver, dadurch wird eine helle Röstung (Kaffee) säuerlicher schmecken als eine dunklere (Espresso). Die Antwort auf die Frage, wo Kaffee endet und Espresso beginnt, liegt allerdings in der Philosophie der jeweiligen Rösterei sowie des Konsumenten. Geschmack ist relativ, der eine mag es bitterer, der andere säuerlicher.

Single – Mischungen

Ob »Sortenreine« (Single) oder sogenannte »Blends« (Mischungen) geröstet werden, wird ebenfalls von Rösterei zu Rösterei unterschiedlich gehandhabt; beide Methoden funktionieren.

Sortenrein: Die Kaffees werden einzeln geröstet und danach vermischt. Den Mischvorgang nennt man »Blenden«. So kann jeder Kaffee individuell ausgeröstet werden. Allerdings entstehen dadurch verschiedene Extraktionsprofile. Geschmacklich kann man spezieller auf die Charaktere der Kaffees eingehen und gewisse Aromen betonen. Der Vorteil von Single-Röstungen ist, dass der Kaffee auch als sortenreiner Kaffee verkauft werden kann.

Nicht jeder Kunde möchte einen Blend haben. Bei sortenreinen Kaffees gibt es ebenfalls Unterschiede. Ist der Kaffee ein sogenanntes »Microlot«, kommt er von einer einzigen Farm, aus einem speziellen Abschnitt und meist aus einem Erntedurchgang. »Estate Kaffees« sind Kaffees von Kooperativen, denen mehrere Kaffeebauern aus einer Region angehören. Oft sind dies dann Varietäten-Mischungen, da die einzelnen Bauern häufig unterschiedliche Varietäten besitzen. Aber auch hier gilt wieder: Der Geschmack ent-

scheidet. Wer absolute Transparenz haben möchte, muss zu den Microlots greifen und dafür auch mehr Geld ausgeben.

Blends: Wenn man verschiedene Rohkaffeesorten vor dem Rösten mischt und zusammen röstet, erhält man einen homogeneren, ausbalancierteren Kaffee in Extraktion und Geschmack. Bei dieser Methode sind verschiedene Parameter zu beachten, wie z. B. gleiche Bohnengröße, gleiche Härte der Bohnen (Anbauhöhe), gleicher Feuchtigkeitsgehalt (Rohkaffee blenden und etwa 1–2 Tage akklimatisieren lassen). Wenn zu große Unterschiede zwischen den Bohnen bestehen, kann es beim Rösten zu unterschiedlichen Entwicklungen kommen: Möglicherweise sind dann Teile der Mischung bereits fertig, andere Teile dagegen noch unterentwickelt. Röstet man weiter, um den Rest auszurösten, verbrennen die bereits fertigen Teile.

Ausgangsprodukt vor dem Röstprozess: grünlich bis gelblich

Anfang der Röstphase, nach ca. 7 Min., vor dem First Crack

heller Röstgrad nach ca. 12–14 Min. bei 220 °C, optimal geeignet für Cafés, fruchtig, leicht säuerlich

helle Espresso-Röstung nach ca. 14–17 Min. bei 225 °C, schön fruchtig, wenig bitter

mittlerer Röstgrad nach ca. 15–20 Min. bei 230 °C, klassischer Espresso-Röstgrad, leichte Säuren, angenehme Bitterkeit

sehr dunkle Röstung, nach ca. 23 Min. bei 240 °C, Öle treten aus; wird meist für Espresso (Süditalien) verwendet, wenig fruchtige Säure, kräftiger Körper, eher bitter

ungewaschener Kaffee (trocken aufbereitet), Dunkler »center-cut«

entkoffeinierter Kaffee (mit Wassermethode entkoffeiniert)

gewaschener Kaffee, heller »center-cut«

Verpackung und Lagerung

Im Laufe der Röstung treten Öle an die Oberfläche der Bohnen, auch sie haben ihren Anteil am spezifischen Aroma. Diese Aromaöle sind flüchtig, und Kontakt mit Sauerstoff kann sie ranzig machen. Deshalb schmeckt Kaffee später nie mehr so gut wie frisch geröstet.

Nach der Röstung muss der Kaffee so schnell wie möglich abgekühlt werden, damit er nicht »nachbrennt«. Aus der Rösttrommel fallen die heißen Bohnen in ein Kühlsieb. Ein Rührwerk wendet sie, während ein Luftstrom sie gleichzeitig kühlt. Um ihr Aroma so lange wie möglich zu schützen, müssen die Kaffeebohnen anschließend sofort luftdicht verpackt und kühl und trocken gelagert werden.

Die Extraktion

Extraktion

Was ist Extraktion?

Extraktion nennt man einen Auszug von löslichen Anteilen aus einem festen Stoff. In unserem Fall ziehen wir wasserlösliche Anteile, also Aromen, Fette, Bitterstoffe, Säuren und Mineralien, mit Hilfe von Wasser (Espresso = mit Druck, Filterkaffee = drucklos) aus dem Kaffeemehl.
Dabei besteht die große Herausforderung darin, ein ausbalanciertes Getränk zu extrahieren, d. h. der Kaffee oder Espresso sollte eine Balance zwischen Säure und Bitterkeit aufweisen und einen höchstmöglichen natürlichen Süßeanteil besitzen.

Wie erreicht man das?
Dazu etwas Hintergrundwissen: Eine Kaffeebohne (100%) besitzt maximal 30% lösliche Anteile! Der Rest (70%) besteht aus Holzfasern. Das beste Ergebnis erzielt man jedoch nicht, indem man die kompletten 30% extrahiert.
Die sogenannte Balance liegt im Bereich einer Extrationsrate von 18–22% (von 100% Kaffeemehl).

Rechenbeispiel:
In 10 g Kaffeeeinsatz sind 18–22% »positives Kaffeearoma« enthalten = Extraktionsrate.
Das entspricht bei der oben angegebenen Menge 1,8 – 2,2 g »positivem Kaffeearoma«.

perfekter Espresso

Unter-extraktion

Wer mit solchen Extraktionsformeln arbeiten möchte, sollte seine Getränke immer abwiegen, da diese Messtechnik genauer ist als Milliliterangaben.

Bei Milliliterangaben ist zu beachten, dass Espresso eine Suspension ist und erst nach einer gewissen Standzeit, also nachdem sich die Flüssigkeit abgesetzt bzw. geklärt hat, korrekt abgelesen werden kann.

Wie erkennt man diese 18–22 %? Wer tiefer in die Materie eintauchen möchte, sollte sich mit dem Goldcup-Programm auseinandersetzen. Es wurde Anfang der Siebzigerjahre in Norwegen entwickelt und beschreibt diese Extraktionstheorie. Die Studien wurden in den letzten Jahren von verschiedenen Kaffeeinstituten überprüft und bestätigt. Es gibt zurzeit ein hilfreiches Tool auf dem Markt, das sich Mojo-Extract nennt. Dieses Set besteht aus einer Software und einem Refraktometer, mit dem es möglich ist, die Sättigung des Kaffees/Espressos auszulesen und anhand der Software die Extraktionsraten zu überprüfen. Die entsprechenden Geräte kosten 850–950 Euro, und die Anwendung ist durchaus komplex.

Für den Hausgebrauch ist es ratsam, sich an der sogenannten »Blondphase« zu orientieren, d. h. wenn der Kaffee einen konstanten Ockerton angenommen hat, sind vermutlich alle positiven Kaffeearomen ausgeschwemmt worden. Lässt man die Extraktion weiter laufen, folgen die »negativen Aromen« und überlagern den reellen Kaffeegeschmack. Probieren Sie es selber aus, lassen Sie den Teil nach der Blondphase in eine extra Tasse laufen und kosten Sie. Aber Vorsicht, Sie werden nicht mögen, was Sie da schmecken. Spielen Sie mit den Auslaufzeiten (20–30 Sekunden) und Getränkemengen (20–25 g). Sie werden merken, wie sich der Geschmack zwischen Säure und Bitterkeit verändert. Alles nur eine Extraktionssache.

Grober Mahlgrad – zu schnelle Extraktion

Mahlgrad **grob** – **fein**

Bei der gleichen Extraktionszeit fließt bei einem groben Mahlgrad das Wasser schneller durch den Kaffeepuk und hat dadurch mehr Wasseranteile. Der Kaffee hat somit eine niedrigere Aromasättigung, das entspricht dem Aromaanteil im Wasser (TDS = Total Dissolved Solids). Bei einem feinen Mahlgrad benötigt das Wasser mehr Zeit, um durch das feine Kaffeemehl hindurchzulaufen. Weniger Wasser löst die gleiche Anzahl an Aromen, das heißt: Die Aromakonzentration nimmt zu. Die restlichen Parameter bei einer Espressoextraktion sind fixiert, d. h. der Pumpendruck läuft auf 9 Bar, die Wassertemperatur ist stabil, die Füllmenge (Dosierung) des Kaffeepulvers ist immer gleich. Somit haben Sie nur noch eine Variable: den Mahlgrad. Daraus ergeben sich unterschiedliche Fließgeschwindigkeiten sowie unterschiedliche Wassermengen, die in der gleichen Zeit die gleiche Menge an Kaffeearoma transportieren. Der Wasseranteil beeinflusst dabei die Viskosität des Getränks sowie den Geschmack. Kurze Getränke haben eine hohe Viskosität und sind sehr konzentriert im Geschmack (Ristretto). Das gleiche Getränk bei der gleichen Extraktionszeit mit einem groben Mahlgrad wird eine eher wässrige Viskosität aufweisen und milder bzw. ausgewogener schmecken (Lungo).

Feiner Mahlgrad nach 10 Sek.

Beispiel: Wenn wir einen Kaffee mit 10 g dosieren und einen feinen Mahlgrad (Espresso) verwenden, sollte der Kaffee in etwa 25 Sekunden ein Volumen von etwa 20 g erreichen und eine Aromasättigung von etwa 10 % (TDS 10 %) besitzen. Stellen wir den Mahlgrad feiner (Ristretto), wird das Getränk in der gleichen Extraktionszeit (25 Sekunden) ein Volumen von etwa 15 g erreichen, aber eine höhere Aromasättigung von etwa 13 % (TDS 13 %).

Beachten Sie: Mit der Variation der Mahlgradeinstellung verändern Sie bei der gleichen Extraktionszeit die Textur des Getränks (von ölig bis wässrig) und damit auch das Empfinden von Stärke. Spielen Sie mit dem Mahlgrad bei gleichbleibenden Extraktionszeiten. Sie werden sehen, Sie verleihen Ihrem Espresso ein eigenes Gesicht, wenn Sie mit stabilen Parametern arbeiten.

Eigenschaften feiner Mahlgrad: größere Oberfläche (kleinere Partikel) ➔ dadurch langsamere Fließgeschwindigkeit und geringerer Wasseranteil = höhere Aromakonzentration (TDS), geeignet für sehr kurze Getränke

Eigenschaften grober Mahlgrad: kleinere Oberfläche (größere Partikel) ➔ dadurch schnellere Fließgeschwindigkeit und höherer Wasseranteil = niedrigere Aromakonzentration (TDS), geeignet für längere Getränke

Der Unterschied liegt in der Textur des Getränks. Das kürzere Getränk wird voluminöser im Body und konzentrierter sein. Auch hier ist es wichtig, dass es sich in der Balance befindet.

Höhere – niedrigere Dosierung

Je höher Kaffeepulver dosiert wird, umso mehr steigt der Bitterwert. Bei einem höher dosierten Kaffee treten Süße und Säure in den Hintergrund, weil sensorisch die Bitterkeit überwiegt. Bitterkeit wird schneller wahrgenommen als Süße oder Säure. Bei einer höheren Dosierung von Kaffeemehl wird der Röstaromaanteil (Bitterkeit) sensorisch schneller erhöht als der Wert von Süße und Säure. Perfekt extrahierter Kaffee dosiert mit 10 g und einer mit 13 g (auf 200 ml Wasser, bei einer Wassertemperatur von 96 °C) wird unterschiedlich schmecken. Das Getränk mit 10 g weist mehr Süße und Säure auf, wird aber an Blümchenkaffee erinnern. Bei dem Kaffee mit 13 g werden Süße und Säure durch Röstbitterstoffe gepuffert, was zu einem ausbalancierteren und kräftigeren Geschmack führt. Probieren Sie es aus.

Mehr Informationen finden Sie im Internet, wenn Sie »Goldcup-Programm« eingeben.

Extraktionszeit

Die Auslaufzeit steuert bei gleichbleibendem Mahlgrad die Extraktionsrate (18–22 %). Je kürzer (Zeit) extrahiert wird, desto geringer die Extraktionsrate (bis zur Unterextraktion).

Beispiel: Wir dosieren 10 g Kaffeemehl. Bei einer Extraktionszeit von 25 Sekunden erhalten wir ein Getränk mit 20 g. Die gemessene Aromasättigung beträgt 10 % (TDS). Würden wir die Extraktion früher stoppen, hätten wir weniger Aromen extrahiert und das Getränk wäre eventuell unterextrahiert. Ließen wir den Kaffee länger laufen, würden mehr Aromen eingespült, und er wäre überextrahiert. Extraktionen einer Extraktionsrate von etwa 18 % schmecken eher säuerlich, bei Extraktionen um die 22 % schmeckt der Kaffee eher bitter. Die stärkste Süße erhalten wir bei 19–20 % Extraktionsrate.

Woran erkennt man diese Extraktionsrate?
Wie auf Seite 69/70 bereits erwähnt, wird im professionellen Bereich mit Refraktometern (Mojo-Extract) gearbeitet; diese Methode ist allerdings teuer und nicht einfach zu handhaben. Zu Hause können Sie sich an der Blondphase orientieren: Wenn der Kaffee während der Extraktion ocker wird, haben Sie alle positiven Kaffeearomen herausgezogen. Ab diesem Zeitpunkt beginnt die Überextraktion, und der Kaffee verliert an Harmonie. Dieser Effekt ist gut bei Vollautomaten zu beobachten. Ab einem gewissen Zeitpunkt läuft der Kaffee nur noch weiß-blässlich und mit schlechten Aromen in die Tasse. Stoppen Sie die Extraktion und gießen Sie bei Bedarf (wenn das Getränk zu kräftig ist) heißes Wasser auf den Kaffee. Das hat denselben Effekt, wie wenn der Vollautomat läuft und läuft und läuft. Die Verbesserung liegt darin, dass wir pures Wasser hinzugeben anstatt Wasser, das negative Kaffeearomen enthält.

unterextrahiert   perfekte Extraktion   übererextrahiert

Unterextraktion

Bei einer Extraktionsrate unter 18% spricht man von einer Unterextraktion. Das bedeutet, dass zu wenig Kaffeearoma in die Tasse extrahiert wurde (unter 18% von 100% Kaffeemehl), der Kaffee/Espresso schmeckt säuerlich und fade.

Gründe für eine Unterextraktion:

- Mahlgrad zu grob
- Wassertemperatur zu niedrig
- Extraktionszeit zu kurz

Überextraktion

Werden die Extraktionswerte überschritten, befindet man sich also in einem Extraktionsbereich von über 22%, spricht man von einer Überextraktion. Ab jetzt sind alle positiven Kaffeearomen aus dem Kaffeemehl extrahiert und werden durch die verlängerte Extraktion von den negativen Kaffeearomen wie Röstbitterstoffen, Gerbsäuren und sonstigem überlagert. Die feinen Aromen und die Balance zwischen Säure und Bitterkeit gehen verloren. Dieser Kaffee/Espresso schmeckt meist eher bitter, verbrannt und adstringierend. Dem überextrahierten Espresso fehlt der Body, er ist von einer meist eher wässrigen Textur.

Gründe für eine Überextraktion:

- Mahlgrad zu fein
- Extraktionszeit zu lang
- zu wenig Kaffeepulver für zu langes Getränk

Überextraktion

Unterschied zwischen
Espresso – Kaffee

Der Unterschied zwischen beiden Getränken liegt zum einen an der Zubereitung:

Espresso: Wasser wird mit 9 Bar Druck durch den Kaffee gepresst.

Filterkaffee: Wasser fließt drucklos durch das Kaffeemehl.

Zum anderen unterscheiden sie sich auch im Geschmack. Espresso schmeckt vollmundig, sirupartig und hochkonzentriert. Kaffee hingegen ist eher wässrig und duftet mehr. Wenn man die Zusammenstellung der beiden Getränke vergleicht, liegt der große Unterschied primär im Wasseranteil. Beide Getränke müssen perfekt (18–22 % Extraktionsrate) extrahiert werden. Allerdings hat ein Espresso eine Aromasättigung von 10 % (d. h. 100 % = Getränk – 90 % Wasser = 10 % positives Kaffeearoma → Espressoaromen). Ein Kaffee hingegen hat meist eine Aromasättigung von 0,8–1,5 %. Espresso ist also ein Aromakonzentrat und Filterkaffee eine wässrige Lösung, wobei der Ausdruck »wässrige Lösung« dem Kaffee aufgrund der eher negativen Konnotation nicht gerecht wird. Filterkaffee ist etwas sehr, sehr Feines, wenn er richtig zubereitet wird.

Einen weiteren Unterschied finden wir in der Röstart. Es gibt keine exakte Abgrenzung, wann wir bei einer Röstung von Espresso sprechen und wo die Filterkaffeeröstung endet. Auf der Farbskala Agroton liegt Espresso bei 25 (dunkel) – 55 (hell) und Filterkaffee im Bereich 75 (dunkel) – 95 (hell).

Es gibt ein klassisches Nord-Süd-Gefälle, d. h. je weiter man in den Süden kommt, desto dunkler, und je weiter man Richtung Norden geht, desto heller wird geröstet. Das hat mit der Bitterkeitstoleranzgrenze zu tun: In südlichen Ländern wird eine höhere Bitterkeit akzeptiert. Somit ist auch das dunklere Rösten zu erklären. Je länger geröstet wird, desto dunkler wird der Röstgrad und die Säuren im Kaffee gehen verloren (positive wie negative). Die Bitterkeit (schmeckt meist verbrannt und teilweise nach Holzkohle) nimmt stark zu. Wenn man nun den Getränkeaufbau von Espresso und Filterkaffee kennt und weiß, dass hell geröstete Kaffees mehr Säure besitzen und dunkel geröstete Kaffees mehr Bitterkeit, wird klar: Verwendet man eine helle Röstung als Espresso, ist auch mehr Säure im Getränk zu finden als bei demselben Kaffee, der dunkler geröstet wurde.

Espresso zeichnet sich durch folgende Merkmale aus:

- Voluminöser Körper (kräftiger Body) – Mundgefühl (der Unterschied im Body zu Kaffee lässt sich mit dem Gefühl im Mund vergleichen, das Sahne oder Milch hervorrufen: Milch/Kaffee fühlt sich eher wässrig an, Sahne/Espresso hingegen kräftig bzw. sirupartig)
- Aromasättigung (TDS) 8–12 %

Nacked portafiltershot

Unterschied Ristretto –
Espresso – Lungo

Bei diesen drei Getränken handelt es sich um nur eine Extraktionsform, den Espresso. Der Unterschied besteht in der Wassermenge bzw. der Aromakonzentration. Alle drei Getränke müssen gleich lang (Zeit) extrahiert werden, bei unterschiedlichem Mahlgrad. Den geschmacklichen Unterschied erhält man primär durch die Textur sowie die Aromakonzentration. Bei allen drei Getränken wird die gleiche Anzahl an Kaffeearomen extrahiert, nur der Wasseranteil variiert. Bei 10 g Kaffeeeinsatz ist ein Ristretto etwa 15 g (13 % Aromasättigung), ein Espresso etwa 20 g (10 % Aromasättigung) und ein Lungo etwa 28 g (7 % Aromasättigung) schwer. Alle drei Getränke sollten mit ihrer Extraktionsrate im Bereich 18–22 % liegen.

Eine zweite Methode wäre, bei gleichbleibendem Mahlgrad das Getränk kürzer (Ristretto) und länger (Lungo) zu extrahieren. Dadurch entstehen unterschiedliche Extraktionszeiten und auch die Getränke weisen einen unterschiedlichen Anteil an Kaffeearomen auf. In diesem Fall ist ein Ristretto im unteren Extraktionsratenbereich (bei etwa 18 %) zu suchen, er hat einen starken Body und schmeckt eher sauer. Der Lungo hingegen neigt zu den 22 % und wird eher bitter und nicht mehr ausbalanciert schmecken. Probieren Sie es einfach aus: Nehmen Sie einen doppelten Siebträger und bereiten Sie zwei Espressi zu. Die erste Tasse ziehen Sie weg, wenn ein Espresso erreicht ist. Die zweite Tasse lassen Sie so lange laufen, bis Sie Ihren Lungo fertig haben. Nun können Sie vergleichen: Füllen Sie die erste Tasse (den Espresso) soweit mit Wasser auf, dass beide Tassen gleich voll sind. Was schmeckt Ihnen besser?

Ein Ristretto ist sehr kurz im Volumen und sehr ölig und sirupartig in der Textur. Die Aromakonzentration/Sättigung liegt bei 13 % (12–18 %). Er ist dadurch intensiver im Geschmack.

Ein Espresso liegt mehr in der Balance, mit einer Aromakonzentration/Sättigung von 10 % (8–12 %) und einer samtigen bis öligen Textur.

Ein Lungo hat eine Aromakonzentration/Sättigung von 7 % (4–8 %) und eine eher wässrige Textur. Das Mundgefühl erinnert eher an Milch als an Sahne. Man kann ihn mit einem Mokka vergleichen.

Filterkaffee

Filterkaffee ist nicht nur eine Zubereitungsart, sondern auch Synonym für einen gewissen Geschmack. Dieser Geschmack basiert auf einer Aromasättigung zwischen 0,8% und 1,5% und kann durch verschiedene Extraktionsmethoden kreiert werden, wie z. B. die Syphon Methode, Aeropress, French Press, Karlsbader Kanne, Chemex, Café crème (Vollautomat), Americano (Espressomaschine).

Alle Methoden führen zu feinen charakteristischen Geschmacksunterschieden, da sie mit verschiedenen Methoden in den Brühwassertemperaturen und teilweise mit Druck, teilweise ohne Druck extrahieren. Dennoch wird man diese sogenannten »langen Getränke« nicht für einen Espresso halten, da das balsamartige Mundgefühl schlichtweg fehlt.

Im Vordergrund stehen hier der Geschmack und die Aromen. Meistens wird ein kräftiger Kaffee mit hoher Bitterkeit assoziiert. Das ist jedoch ein Irrtum, denn ein bitterer Kaffee weist auf eine Überextraktion hin. Machen Sie den Test: Nehmen Sie zwei Kaffeetassen, stellen Sie beide unter den Doppelauslauf einer Espressomaschine. Die erste Tasse ziehen Sie weg, sobald die Blondphase (konstanter Ockerton) beginnt. Die zweite Tasse lassen Sie komplett über den Siebträger volllaufen. Sie werden sehen, dass ab einem gewissen Punkt nur noch Wasser mit Kaffeerest aus dem Siebträger läuft, das ist die Überextraktion. Nun ist die zweite Tasse voll, und nur in der ersten Tasse ist ein perfekter Espresso enthalten. Gießen Sie die erste Tasse mit heißem Wasser soweit auf, bis Sie die Füllmenge der zweiten Tasse erreicht hat. Nun haben Sie einen direkten Vergleich zwischen korrekter Extraktion und Überextraktion.

Falls Ihnen der Kaffee, der mit Wasser aufgefüllt worden ist, zu wässrig ist, können Sie die Kaffeemehldosierung erhöhen oder die zugegebene Wassermenge reduzieren. Probieren Sie es mit einem doppelten Espresso oder einer kleineren Tasse bei einfacher Dosierung.

Richtwert

Filterkaffee: 6–7 g für 100 ml Aufguss, Brühwassertemperatur 92–96 °C, Extraktionszeit 4–6 Minuten → Einzelbrühung (Tassenbrühung = ca. 200–300 ml) → 2–3 Minuten

Americano mit Espresso: Espresso mit 10 g Kaffeemehl, davon 20 % Extraktionsrate = 2 g positives Kaffeearoma
Das Getränk Espresso hat eine Aromasättigung von 10 % (also entsprechen 10 % den 2 g positives Kaffeearoma).
100 % entsprechen dadurch 20 g Espresso (18 g Wasser + 2 g Kaffeearoma) + 110 g Wasser = 130 g Getränk; davon sind 128 g Wasser und 2 g Kaffeearoma = 1,5 % Aromasättigung.

Parametertabelle

	Espresso	Filter-kaffee	French Press / Stem-pelkanne	Schraub-kanne Bialetti	Mokka / Ibrik	Karlsbader Kanne	Americano
Wassertemp.	90–95°C	92–96°C	92–96°C	98–110°C	bis 100°C	92-96°C	90–95°C
Brühzeit	20–30 Sek.	4–6 Min.	4–6 Min.	2–3 Min.	1–2 Min.	4–6 Min.	20–30 Sek.
Brühdruck	9 bar	drucklos	den Stempel sanft herunter-drücken	1,1–1,4 bar	drucklos	drucklos	9 bar
Konzentration der Kaffeestoffe im Wasser	8–12 %	1,1-1,4%	1,1-1,4%	6-9%	6–9 %	1,1-1,4%	1,1-1,4% *
Mahlgrad (Skala 1-10)	2–3	5–7	7–8	4–5	1	7–9	2–3
Mahlmenge	8–11g	60–65g / Liter	60–65g / Liter	Sieb immer komplett befüllen	4–6g für 50 ml.	60–65g / Liter	8–11g
Warmhaltezeit	1–2 Min.	max. 30 Min.	max. 20 Min.	max. 5 Min.	max. 5 Min.	max. 30 Min.	max. 10 Min.

* Espresso dient als Grundlage für das Getränk. Dazu Espresso etwas länger extrahieren (der sogenannte Lungo hat ca. 40 ml). Dann noch ca. 160 ml heißes (85–95 °C) Wasser aufgießen. Der Americano schmeckt ähnlich wie Filterkaffee, teilweise etwas rassiger.

Die Milch

Dem Geheimnis der Sämigkeit
auf der Spur

Warum wird Milch sämig?

Warum wird Milch süß?

Welche Milch für wen?

Wie wird Milch geschäumt?

Milch

Dem Geheimnis der Sämigkeit auf der Spur

Milchschaum ist aus der heutigen Kaffeekultur nicht mehr wegzudenken. Aber was macht einen Kaffee mit Milchschaum so besonders? Sehen wir uns zwei Kaffeevarianten im Vergleich an: den Americano und den Cappuccino. Grundlage für beide Getränke ist ein Espresso. Bei einem Americano kommen 120–150 ml Wasser dazu und bei einem Cappuccino 120–150 ml aufgeschäumte Milch – natürlich ist das etwas anderes, wird man sagen. Aber: Auch Milch besteht zum größten Teil aus Wasser. Der Unterschied liegt in nur 3,3 g Eiweiß, 3,5 g Fett, 4,8 g Laktose und etwas Calcium und Vitamin B12. Wenn man bedenkt, dass keiner dieser Inhaltstoffe einen großen Einfluss auf den Geschmack hat, verwundert es nun doch ein wenig, dass ein Cappuccino so völlig anders schmeckt als ein Caffè Americano. Woher kommt das?

Die Antwort liegt in der Textur des Milchschaumes und in der Sinneswahrnehmung des Menschen.

Während beim Americano die Aromen und feinen Nuancen zu einem großen Teil über die Nase wahrgenommen werden, bleiben beim Cappuccino die Aromen in der Milchschaumtextur gefangen. Der Geruchssinn tritt dabei in den Hintergrund; hauptsächlich Geschmacks- und Tastsinn im Mundraum übermitteln dem Gehirn, wie der Kaffee schmeckt. So stellt sich das angenehme Gefühl des cremigen, sämigen und leicht süßlichen Milchschaums ein, der im Abgang die Aromen zurücklässt.

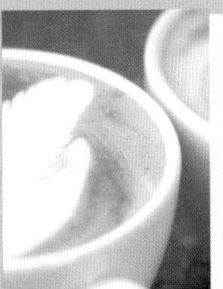

Ein Americano wird meist mit einer Temperatur von 80–85 °C serviert, während ein Cappuccino nicht über 65 °C haben sollte, weil sonst das Eiweiß in der Milch zerstört wird. Beim Trinken empfindet man einen Cappuccino als angenehmes, balsamartiges, richtig temperiertes Getränk. Den Americano hingegen kann man anfangs nur in kleinen Schlucken genießen, weil er zu heiß ist. Durch den von Aromen erfüllten aufsteigenden Wasserdampf, verbunden mit dem vorsichtigen Schlürfen am Rand der Kaffeetasse, erzielt man unbewusst den Cup-tasting-Effekt. Man verwirbelt den Kaffee beim Schlürfen mit Luft, sodass die Nase gleichzeitig die feinen Aromen aufnimmt.

Warum wird Milch sämig und cremig?

Ein perfekter Milchschaum besteht aus sogenannten Mikrobläschen, die an den Eiweiß-Molekülen der Milch haften. Durch die Verwirbelung mit heißem Wasserdampf bildet sich eine Gitterstruktur aus Luft, Eiweiß, Fett und Zucker. Je feiner das Gitter ausgebildet ist, desto sämiger und cremiger erscheint der Milchschaum.

Warum wird die Milch süß?

Ein verbreiteter Irrglaube ist, die Milch würde durch die zugeführte Hitze karamellisiert. Zucker (auch Milchzucker) karamellisiert erst bei ca. 135 °C. Bei solchen Temperaturen würde die Milch aber verbrennen, bevor sie Süße ausbilden kann. Das Geheimnis liegt in der Laktose. Laktose ist ein Mehrfachzucker und wird durch das Verwirbeln und die Einwirkung der Hitze minimal in Einfachzucker (Galaktose und Glukose) gespalten (diesen Vorgang bezeichnet man als Hydrolyse). Dadurch wird die Milch süßlich.

Welche Milch für wen?

In den Kühlregalen findet man heute eine Vielzahl an unterschiedlichen Milchsorten. Prinzipiell kann man jede Milch aufschäumen. Entscheidend für die Auswahl ist nicht nur der Geschmack, sondern auch die Zusammensetzung der Milch. Menschen mit Laktose-Intoleranz etwa vertragen keinen Milchzucker. Laktose ist ein Mehrfachzucker, den unser Körper mit Hilfe eines Enzyms, der Laktase, aufspaltet. Je älter wir werden, desto weniger Laktase produziert der Körper und desto schwieriger wird es, die Laktose in der Vollmilch aufzuspalten. Ca. 15 % der deutschen Bevölkerung leiden an einer Laktose-Intoleranz, was sich bei übermäßigem Verzehr

von Milch in Bauchschmerzen äußert. Aber auch für diese Gruppe gibt es die passende Milch: Eigens für sie wurde die LC-minus-Milch entwickelt, bei der die Laktose bereits in Galaktose und Glukose aufgespalten ist. Da Galaktose und Glukose zur Gruppe der Einfachzucker gehören, sind sie für den Körper leichter verwertbar und verursachen keine Beschwerden.

Für Kuhmilch-Eiweißallergiker hingegen ist die LC-minus-Milch nicht geeignet, da sie aus Kuhmilch gewonnen wird. Für diese Konsumentengruppe empfehlen sich Sojamilch oder Ziegenmilch, die sich geschmacklich allerdings stark von der gewohnten Milch unterscheiden.

Fettarme Milch (1,5 %) oder Fit-Milch (0,1 %) sind etwas für kalorienbewusste Genießer, doch es ist zu beachten, dass Fett ein Geschmacksträger ist, das bedeutet: Je fetthaltiger eine Milch ist, desto vollmundiger schmeckt sie. Ein Cappuccino hat einen Milchanteil von etwa 100 ml, was einem Fettanteil von 3,8 g bei Vollmilch, 1,5 g bei fettarmer Milch – 0,1 g bei Fit-Milch entspricht.

Wie wird Milch geschäumt?

Zum richtigen Aufschäumen der Milch gilt es ebenfalls auf die Bestandteile der Milch zu achten, besonders auf das Eiweiß, das Protein. Eiweiß ist temperaturempfindlich und denaturalisiert = denaturiert ab ca. 45 °C, das heißt, es gerinnt. Man sollte Milch nie auf mehr als 65 °C erhitzen, da sonst die Luftbläschen nicht mehr richtig an den Eiweißmolekülen haften können. Auch der Geschmack leidet unter zu hohen Temperaturen. Wenn die Milch überhitzt wurde, schmeckt sie wässrig und weniger süß. Was können wir tun, um die Aufschäumphase zu verlängern und einen besseren Milchschaum zu erzielen? Das einfachste Mittel ist, die Milch im Kühlschrank aufzubewahren; damit liegt die Ausgangstemperatur bei ca. 8 °C und nicht bereits bei Raumtemperatur. So hat man deutlich mehr Zeit zum Aufschäumen der Milch. Hingegen sollte man Milch nie im Gefrierschrank aufbewahren. Wenn die Wassermoleküle in der Milch gefrieren, bilden sich Kristalle aus, die die Eiweißmoleküle durchbohren. So können die Luftbläschen nicht mehr an den Eiweißmolekülen haften und der Milchschaum bekommt kein Volumen.

Wichtige Stichpunkte:

- 8 °C Kalte Milch verwenden
- Fettgehalt ist beim Schäumen egal, allerdings ein Geschmacksträger
- beste Temperatur zwischen 60-62 °C, nicht über 65 °C erhitzen

Schritt für Schritt zum perfekten Milchschaum

Als Erstes Milchkanne halb mit Milch befüllen, am besten kalte Milch verwenden, weil dadurch die Ziehphase zeitlich verlängert wird.

Milchschaumdüse vor dem Benutzen kurz abdampfen, damit das entstandene Kondenswasser ausgespült wird. Danach die Lanzette auf die Milchoberfläche auflegen.

Dampfhahn öffnen und grobe Luftbläschen auf der Milchoberfläche erzeugen.

1. Phase: Die Milch auf 30 °C erwärmen und dabei einen Luftteppich auf die Milchoberfläche ziehen, das heißt die Milchoberfläche durch das Öffnen des Dampfhahnes zerreißen. In dieser Phase des Milchschäumens wird ein Luft-Teppich erzeugt, indem die Milchschaum-Lanzette nur knapp unter den Milchspiegel gehalten wird und Luftbläschen in die Milch gepumpt werden. Dabei können ruhig etwas größere Bläschen entstehen.

Die Ziehphase ist für den späteren Milchschaumanteil verantwortlich. Pumpt man viel Luft am Anfang in die Milch, ergibt das viel Milchschaum. Verkürzt man diese Phase und pumpt weniger Luft in die Milch, erhält man weniger Milchschaum.

2. Phase: Die Milch wird von ca. 30 °C auf maximal 62–65 °C erhitzt. Falls man mit einem Thermometer arbeitet, sollte man bedenken, dass die meisten Thermometer die Temperatur leicht verzögert anzeigen. Man sollte also bei einer angezeigten Temperatur von 55 °C aufhören, die Milch zu erhitzen, da sie in Wirklichkeit schon 5–10 °C heißer ist.

Diese Phase wird auch Roll-Phase oder Rolling genannt.

In diesem Schritt wird der erzeugte Luftteppich in die Milch eingerollt, dabei sollte die Milchdecke (Milchoberfläche) eine Art Strudel erzeugen und nicht mehr aufreißen. In dieser Phase muss die Milch nur noch »rollen«: Der im Kännchen erzeugte Strudel wirbelt die Milch von oben nach unten durch, ohne noch zusätzliche Luft einzubringen. In der Rollphase wird die eingebrachte Luft durch eine rollende bzw. verwirbelnde Bewegung in winzig kleine Luftbläschen zerteilt. Dadurch entsteht eine cremige, sämige Textur. Das ist das große Geheimnis eines feinen Cappuccinos.

Signature Drink

Foodpairing ist angesagt

Selber experimentieren

Regeln in der Food-Kombination

Foodpairing ist angesagt

Foodpairing nennt man die Kombination von Lebensmitteln mit übereinstimmenden Aromakombinationen. So passt zum Beispiel ein bestimmter Wein zu bestimmten Fleischsorten usw.

Bei Kaffee ist dies ähnlich. Hier bilden bestimmte Grundaromen den Ausgangspunkt für die sogenannten »Signature Drinks« oder »Eigenkreationen«, bei denen man Kaffee mit bestimmten Aromen kombiniert, um Kaffeekreationen herzustellen.

So ist z. B. ein äthiopischer gewaschen aufbereiteter Kaffee aus der Region Yirgacheffe oft mit sehr beerigen Aromen zu finden, was wiederum eine perfekte Grundlage für die Kombination mit Vanille (z. B. Tahiti Vanille) darstellt.

Mehr Information im Internet, z. B. unter www.foodpairing.com

Selber experimentieren

In diesem Buch werden mit Absicht keine fertigen Rezepte angegeben. Vielmehr möchte ich Sie ermutigen, mit den Aromen des Kaffees zu spielen. Suchen Sie gewisse Grundaromen/ Charaktere, und kombinieren Sie diese in Soßen, Cocktails oder Süßspeisen.

Allerdings möchte ich Ihnen einige Anregungen mit auf den Weg geben. Versuchen Sie stets, die Kaffeearomen zu unterstützen und nicht zu übertönen.

Regeln in der Food-Kombination

Bei Signature Drinks handelt es sich um Getränke, die mit Espresso als Grundlage verfeinert werden. Hier ist Fingerspitzengefühl gefragt – das Ganze sollte nicht als Scherzartikel enden. Kombinieren Sie sehr sorgfältig und suchen Sie in dem Getränk auch nach einer Balance. Der Kaffeegeschmack sollte in jedem Fall im Vordergrund stehen.

Sie möchten Eiskaffee zubereiten? Dann immer mit Konzentraten arbeiten, wie z. B. Espresso oder Mokka. Der Kaffee sollte so schnell wie möglich gekühlt werden, damit die Aromen nicht verloren gehen. Das Herunterkühlen erreicht man mit Eiswürfeln, allerdings muss das Schmelzwasser mit eingerechnet werden, sonst verwässert der Kaffee zu sehr. Darum am besten Espresso auf Eiswürfel laufen lassen und sofort weiterverarbeiten.

Wer mit Früchten im Kaffee arbeiten möchte, sollte diese vorher abkochen oder in Sirup umwandeln, da frische Früchte oft zu sauer sind und das Getränk in die saure Richtung kippen lassen.

Grundsätzlich sollte Kaffee nicht mehr aufgekocht werden, denn dadurch verliert er seine Aromen und wird bitter. Bei warmer Weiterverarbeitung sollte man das Kaffeearoma immer zum Schluss zugeben und wenn möglich mit Konzentraten wie Espresso oder Mokka arbeiten.

Zutaten, die immer passen:
Schokolade, Vanille, Mandel, Haselnuss, brauner Zucker, Zimt, Kardamom, Nelken, Muskatnuss.

Wer mehr Eigenkreationen sehen möchte, kann sich einen Barista-Wettkampf im Internet ansehen, z. B. www.worldbaristachampionship.com

Register

Bildnachweis

Daniel Duve

S. 2, 5, 6, 10, 12, 20 (unten), 24, 26/27, 32, 36 (unten), 45, 50, 52, 53, 54/55, 56, 59, 61, 63, 64, 65, 66, 68, 69, 72/73, 77 (oben), 84, 85, 88, 90, 91, 95, 99, 100, 101,

Thomas Schweiger

S. 8/9, 15, 18, 20 (oben), 23, 28, 29, 31, 34/35, 36 (oben), 37, 38/39, 40/41, 42, 44, 46, 47, 48, 49, 57, 70, 71, 74, 75, 76, 77 (unten), 78, 80/81, 82/83, 87, 92/93, 94, 96, 97, 98, 102, 104/105, 106/107, 112

Danksagung

Ich danke meiner ganzen Familie für ihre Unterstützung und ihr Verständnis für meine Weiterbildungen im Ausland und die langen Nächte für dieses Buch.
Dank geht auch an Björn Dietrich, Tom Schiessl, Wolfram Sorg, Dionico Aguilar, Scottie Callaghan, Stefanos Domatiotis, Harry Peru, Bisetti Crew/Lima, Armin Machhoerndl, Wolfgang Helmreich, Eric Wolf und alle anderen Kaffeeliebhaber.

Thomas Schweiger